QUELQUES MOTS

SUR

L'ALGÉRIE

A L'OCCASION DE LA DISCUSSION

DES

CRÉDITS SUPPLÉMENTAIRES POUR 1846,

PAR

M. Henri de SAINT-GENIS.

Les efforts de tous doivent tendre à
l'assimilation la plus prompte possible
de l'Algérie à la France.

PARIS,

IMPRIMERIE DE GUIRAUDET ET JOUAUST,

315, RUE SAINT-HONORÉ.

1846

QUELQUES MOTS

SUR

L'ALGÉRIE

A L'OCCASION DE LA DISCUSSION

DES

CRÉDITS SUPPLÉMENTAIRES POUR 1846.

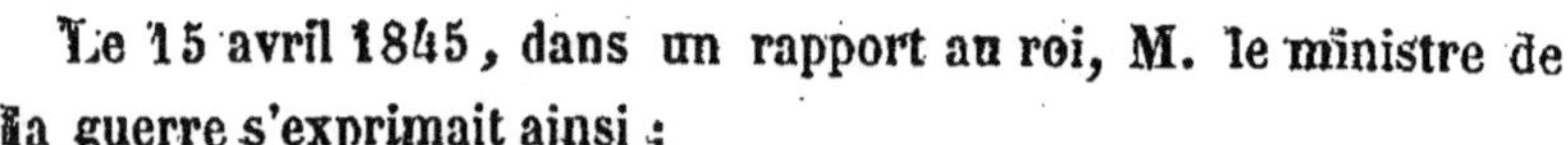

Le 15 avril 1845, dans un rapport au roi, M. le ministre de la guerre s'exprimait ainsi :

« La domination française de jour en jour mieux affermie en Algérie, la sécurité répandue jusque dans les contrées qui étaient tout récemment le théâtre de la guerre, l'affluence croissante des colons et des capitaux, le développement donné aux travaux publics et à l'industrie privée, le vaste champ ouvert aux relations commerciales de la métropole avec la colonie, les villes qui s'élèvent ou se réédifient, les villages qui se fondent, les routes qui s'ouvrent, l'augmentation du revenu public, la facilité avec laquelle l'impôt arabe se perçoit : tous ces faits, tous ces résultats, caractérisent la situation de l'Algérie, telle que l'ont faite quatorze années de sacrifices et de combats glorieux, les efforts et la persévérance des colons, *l'heureuse et puissante action de l'habile chef* auquel Votre Majesté a remis le soin de commander l'armée et d'administrer le pays, et aussi, je dois le dire, la sollicitude constante apportée par le gouvernement du roi, soit à diriger ou faciliter les opérations militaires, soit à rechercher les moyens d'introduire l'ordre, la vie et le progrès, dans toutes les branches du service public.

» Les difficultés et les incertitudes inhérentes à un pays inconnu et nouveau, la mobilité des choses, la soudaineté des besoins, l'imprévu, l'urgence, la guerre, l'éloignement, exigèrent pendant long-temps qu'une grande latitude fût accordée à l'autorité locale.

» Dans l'intervalle, l'expérience a éclairé les faits, l'ordre s'est fondé ; des communications régulières et rapides ont effacé les distances ; et si le régime des ordonnances est maintenu, l'administration peut du moins entrer dans une voie de progrès qui la rapproche davantage des règles et de la hiérarchie des pouvoirs.»

A la suite de ce rapport, dont nous n'indiquons ici que la pensée, a été promulguée et rendue exécutoire en Algérie, à partir du 1er septembre suivant, l'ordonnance du 15 avril 1845.

Ainsi, à cette époque, tout était au mieux, une nouvelle ère de prospérité s'ouvrait pour ce beau pays.

Que s'est-il passé dans l'intervalle? Par quel phénomène inexpliqué cet état de choses si prospère a-t-il fait place à une situation telle que l'honorable M. Dufaure, rapporteur de la commission sur les crédits de 1846, ait été amené à s'exprimer ainsi :

. . . .

«. . . . . Pendant que toutes nos colonnes sont à la poursuite d'Abd-el-Kader, et que le gouverneur général, à la tête de l'une d'elles, donne à ses plus jeunes lieutenants l'exemple d'une activité infatigable et de la plus rare énergie, l'administration du pays est fatalement négligée; aucune grande mesure d'organisation n'est prise; une société civile, agglomérée au hasard, se forme sans règle, sans discipline, sans unité.

» Des ordonnances importantes promulguées par le ministère de la guerre restent sans exécution, soit par les vices de leur conception, soit par la lutte à peu près publique qui s'établit entre le pouvoir local et le pouvoir central. Enfin des désordres éclatent dans plusieurs parties de l'administration locale.....

» ..... Des fonctionnaires sont rappelés en France, d'autres sont traduits devant des commissions d'enquête ou devant les tribunaux.

» Cette histoire des six mois qui se sont écoulés dans nos deux sessions présente des circonstances dont l'opinion publique s'est émue sans bien les comprendre..... »

Il serait peut-être possible de dévoiler les clameurs intéressées, les influences diverses qui ont amené cet état de choses, et précipité l'administration dans une véritable panique, dans un sauve qui peut étrange et bizarre, dans une situation que l'on peut comparer à celle d'un navire désemparé, en péril imminent, jetant indistinctement et aveuglément par dessus son bord tout objet présumé encombrant ou dangereux.

Mais ce n'est point le lieu. Pour l'heure il appartient à tout bon citoyen d'aider, autant qu'il est en lui, à l'accomplissement de cette grande et belle entreprise que s'est donnée la France, entreprise si bien définie dans le remarquable rapport de M. Dufaure.

« Qu'il soit bien entendu pour tout le monde que nous ne restons pas en Algérie pour y satisfaire les exigences persévérantes de l'honneur national ; que nous n'y sommes pas pour nous exercer aux terribles jeux de la guerre; mais que notre but, notre œuvre, notre mission, est d'y fonder, avec des éléments très divers, une société, une famille compacte, unie, digne un jour *d'entrer par une alliance indissoluble dans la grande fa-mille française......* »

Trois objets principaux ont spécialement appelé l'attention publique :

La guerre et le gouvernement des Arabes ;

La colonisation ;

L'administration.

Il ne m'appartient pas de raisonner sur le premier point, alors surtout qu'une publication récente (1) due, assure-t-on, à une plume célèbre, est venue jeter dans la discussion le poids de la parole et de l'expérience réunies.

Mais il est trois choses qui me paraissent démontrées, non-obstant les diatribes qui se donnent si bien la réplique de Paris à Alger, à savoir :

1° Que les Arabes en sont à leurs derniers efforts ;

2° Que la guerre doit être néanmoins continuée avec énergie, car il faut ou les dompter ou les écraser. Je ne sache pas qu'il soit possible encore de faire en Afrique une guerre de propagande ;

3° Que M. le maréchal Bugeaud réunit au plus haut degré l'amour et la confiance du soldat, et que son nom seul imprime la terreur la plus salutaire parmi les Arabes ; enfin, et je le dis hautement, que sa présence est long-temps encore nécessaire pour mener à bien la guerre et la colonisation.

Quant aux autres questions, je raconterai plutôt que je ne discuterai. J'émettrai aussi brièvement que possible mon opinion, bien convaincu, ainsi que l'a dit l'auteur de *la France en Afri-que, que des questions bien posées sont à demi résolues.*

Cette opinion sera fondée sur sept ans de séjour et de travaux non interrompus en Afrique, pendant lesquels il m'a été donné

---

(1) *Quelques réflexions* sur trois questions fondamentales de notre établissement en Afrique. — 1846.

de voir beaucoup d'hommes et beaucoup de choses de très près.
Ce sera l'avis d'un homme pratique, et rien de plus.

§ 1ᵉʳ. — *Colonisation.*

Le but de la colonisation est de peupler, fertiliser, mettre en
produit en un mot, l'Algérie, le plus promptement possible.

Toute concision en pareille matière est presque impossible.

Il a été écrit des volumes sur ce sujet.

Le document le plus remarquable à consulter est encore le
rapport de M. de La Pinsonnière, lors de la première commission
envoyée en Afrique en 1834.

Le rapporteur examine d'une manière très lucide les divers
points de la question, ainsi :

Obstacles à vaincre, — salubrité, — sécurité, — bases du système d'occupation, — colonie pénale, — colons ne possédant rien
en arrivant, — colons très riches non cultivateurs, — colons cultivateurs possédant un petit capital, — compagnie de grands capitalistes, — colonisation militaire, — vétérans, — armée de ligne,
— soldats libérés, — bataillons d'ouvriers, — primes, encouragements, etc.

Ses conclusions peuvent se résumer ainsi :

Que l'on doit renoncer à une colonisation pénitentiaire, militaire, ou par grandes compagnie, et s'en tenir à une colonisation
libre, agricole et commerciale, sous la protection militaire ;

Qu'il est convenable d'admettre les colons sans distinction d'o-
rigine ; mais qu'il sera prudent de ne rechercher spécialement
que les agriculteurs d'abord, et ensuite les artisans, et de n'en-
courager que faiblement les habitants des villes ;

Qu'on ne peut faire entrer d'une manière absolue les indigènes
au nombre des éléments qui doivent concourir au succès et à la
durée de la colonisation ;

Qu'il faut, dans lo système que l'on adoptera, ne les considérer que comme une éventualité seulement ;

Qu'il ne faut pas sans nécessité refouler les tribus ni expulser les habitants des villes, mais qu'il faut favoriser leur retraite s'ils ne se prêtent pas à notre colonisation ;

Que le gouvernement ne doit pas coloniser à ses frais ;

Qu'il doit se borner à offrir une protection efficace et seulement des encouragements, sans recourir au système des primes;

Que ces encouragements doivent principalement consister en travaux de desséchements de routes, de ports, etc.

A peu de chose près, les circonstances sont les mêmes, les conclusions à tirer sont semblables.

La colonisation se trouve, aujourd'hui comme alors, renfermée dans un cercle vicieux.

Il faut des bras pour avoir des produits.

Il faut des produits pour avoir des bras.

Voyons ce qu'a fait l'administration depuis 1834 pour arriver à en sortir.

Nous verrons ensuite ce que l'on propose de faire.

On a bâti ou agrandi des villes, fondé des villages, percé des routes, desséché des marais, formé des barrages, défriché des terrains, construit des hôpitaux et des casernes, dessiné et creusé des ports, établi des phares, organisé des moyens de communication qui mettent Alger à 120 heures de Paris. — Le pays a été exploré, étudié, la richesse minérale se découvre; la salubrité publique sera bientôt dans les meilleures conditions. — La petite culture a prospéré, le commerce d'importation a pris le cours le plus heureux, celui d'exportation sera la conséquence forcée du développement du pays, l'intérêt de l'argent reprend un niveau raisonnable, le crédit se fonde; de grandes exploitations, de sérieuses entreprises, banques, comptoirs, caisses hypothécaires, ne demandent que la fin des débats actuels pour commencer leurs travaux. — Les transactions ont une activité qui paraîtrait fabuleuse. — La population européenne s'est accrue de 28,000 à 100 mille âmes depuis 1839 (1). — Enfin les impôts, qui, quoi qu'on ait dit de *l'âpreté du fisc*, tout modérés qu'ils soient (l'impôt direct n'existe pas, les droits de douane ne sont que protecteurs, ceux d'enregistrement sont moitié de France), les impôts et revenus, dis-je, ont dépassé vingt millions en 1845.

Quel a été le système de l'administration, quels ont été ses principes ?

Elle s'est donné pour règle d'admettre tous les systèmes, sauf les systèmes absolus et exclusifs, car ils sont dangereux ; de faire appel à toutes les forces vives, à tous les hommes de bon vouloir.

Elle a adopté en principe la concession d'abord gratuite, puis à des conditions avantageuses partout où il y avait à la fois intérêt et nécessité d'attirer à tout prix la population.

Partout ailleurs elle a cherché à faire prédominer *le seul principe vrai, fécond, moral : celui de la concurrence et de la publicité.*

Ces règles et ces principes sont rappelés cent fois dans la correspondance officielle de 1838 à 1842 ; nous aurons peut-être à les reproduire plus tard.

Par ces moyens, l'administration civile a créé Bouffarick, Kouba, Dely-Ibrahim, Birkadem, Elachour, Draria, Babahassen, Cheragas, Senia, Uzerville, etc., etc.

L'armée a édifié Saint-Ferdinand, Sainte-Amélie, Mahelma, Mered, Fouka.

Des concessions partielles et de petite propriété ont été faites à Philippeville, Coléah, Blida, Cherchell, Medeah, Miliana, Mascara, Tlemcem, Guelma, Setif, etc.

Des concessions moyennes ont été faites à MM. Leclerc, Guffroy, Borelly, Touchebauf, de Marqué, Hérisson, etc.

De grandes concessions ont été essayées pour le prince de Mir, le comte Del Valle.

____

(1) *France en Afrique*, brochure in-8. — 1846.

D'autres ont été faites à des congrégations religieuses : ainsi les Trappistes.

Des expériences particulières ont été faites par le seul travail du soldat : ainsi Kergental près d'Oran , la ferme militaire de Cherchell.

Et tout cela, qu'on ne l'oublie point, s'est fait à travers les combats, en peu de jours, et avec la faible obole que laissait tomber, pour la colonisation , le budget général de l'Algérie.

Cependant on s'est impatienté. — De tous côtés on l'a répété :

Le salut de l'Algérie est dans la colonisation ; coloniser, c'est peupler et fertiliser dans le plus bref délai possible.

Les uns ont voulu faire table rase, puis dire aux gens à écus : Allez et réalisez ce que nous n'avons pu faire. Les autres ont habilement combiné, analysé, développé de séduisants systèmes d'association de mise en commun du travail et des produits du travail, — répartition équitable selon les mérites de chacun, savantes et doctes théories revêtues des couleurs, soit de la religion, soit du communisme, mais tout bonnement impraticables.

L'association telle que la comportent nos mœurs met en commun les sacrifices, soit en travail, soit en argent (cette représentation d'un travail antérieur), mais elle laisse la liberté individuelle en dehors.

L'association telle que la veulent les théoriciens étouffe toute liberté et substitue à cet éternel et vivace *amour de soi* les croyances religieuses, la foi aveugle, l'obéissance passive ; cette association n'est pas encore de notre époque.

Elle est inhabile, de long-temps encore, à rien fonder en Algérie pas plus qu'en France.

Quelques autres ont, dans leur riante imagination, créé de gracieux et fantastiques tableaux de l'âge d'or, où les Arabes, charmés par la douceur et l'aménité de nos mœurs, séduits par les prodiges de notre civilisation, se dépouillant de leurs habitudes sauvages, abjurant cet éternel amour des peuples primitifs, l'amour de l'espace et de la liberté , se rapetissant à la taille européenne, venaient, couronnés de fleurs, s'asseoir à nos banquets, boire à nos coupes, lire nos journaux.

Tout cela est possible, mais pas encore.

Enfin chacun, gouvernants et gouvernés, ont oublié ce que vient de rappeler si heureusement la brochure attribuée à M. le maréchal Bugeaud, à savoir :

Que la colonisation est une chose lente par essence, parce qu'elle se fonde sur la prospérité agricole, et qu'il faut des travaux assidus, persévérants, pendant bon nombre d'années, pour qu'une famille de cultivateurs puisse trouver un peu d'aisance sur la terre qu'elle cultive.

On s'est inquiété, on a exagéré l'urgence. Il ne s'agit pas de dire, s'est écrié l'auteur de *la France en Afrique :* Nous aviserons plus tard ! Le temps presse, il y a péril en la demeure.

Et cependant, quel que soit le système nouveau, absolu, infaillible, que l'on adopte, encore faut-il le mettre en œuvre, et attendre les premiers résultats pour juger.

Cinq ans au moins paraissent nécessaires ; ils sont indiqués par les partisans des systèmes prônés.

Or qui peut hardiment assurer quel eût été dans cinq ans le résultat de la puissante et vive impulsion imprimée au pays au moment où M. le ministre de la guerre traçait les paroles du rapport rappelé au commencement de cet écrit ?

Ainsi donc, une espèce de vertige d'impatience s'emparant de chacun, les systèmes de colonisation ont surgi de toutes parts, et le seul résultat appréciable jusqu'à ce jour, c'est que, se multipliant et se nuisant réciproquement, les choses restent *in statu quo* au grand détriment de l'intérêt général.

Deux systèmes entre autres ont été mis principalement en évidence.

L'un de M. le maréchal Bugeaud, sous le nom de colonisation militaire :

L'autre, celui attribué au gouvernement, sous le nom de colonisation civile au moyen de grandes concessions faites à des capitalistes ou à des sociétés.

Le premier peut se résumer ainsi :

1° Laisser sur le littoral, dans les villes administrées civilement, la colonisation se faire toute seule, — en vertu de ce principe connu : — Laissez faire, laissez passer. — L'état n'intervenant que pour les travaux et les mesures d'utilité générale.

2° Dans les villes de l'intérieur, dans la zone devant servir de boulevart aux intérêts civils, de rempart contre les Arabes, constituer la colonisation militaire, c'est-à-dire :

Prendre parmi les soldats ceux de bonne volonté ayant encore trois ans de service militaire à faire ;

Les organiser militairement ;

Leur faire construire des maisons, défricher des champs, mettre en valeur et en produit le sol ;

Leur fournir nourriture, ustensiles, matériaux, semences, etc.;

Les marier ;

Puis, les trois ans expirés, délivrer à ceux qui voudront rester le titre de propriétaire ;

Les livrer à la loi civile et au droit commun, sauf quelques mesures réglementaires pour la défense du territoire ;

En un mot utiliser, pour arriver à mettre en valeur le sol, tout ce que la discipline et l'association ont de puissance.

Les principales objections contre ce système, les seules peut-être même, sont :

1° Qu'il entraînerait l'état à des dépenses énormes ;

2° Qu'il crée une violation flagrante à la loi de recrutement en changeant les conditions du service militaire ;

3° Qu'il déroge ensuite aux règles du droit commun.

A ces objections nous répondrons, avec l'auteur de *la France en Afrique* lui-même :

« Quand l'esprit d'un personnage aussi haut placé se montre si persévérant, fût - ce dans une erreur, sa persistance prouve une conviction qui commande un examen attentif. »

Or peut - on dire que le système de M. le maréchal Bugeaud a été de la part de ses adversaires l'objet d'un examen attentif? Il a été repoussé, et voilà tout. Pour le juger en toute connaissance de cause, il fallait l'expérimenter, et on ne l'a pas fait.

A la première objection il y aurait très certainement à répondre :

1° Que le chiffre des dépenses a été toujours exagéré à plaisir, et ne saurait en réalité être précisé avant une première expérimentation ;

2° Que, quelle que soit la dépense, il y aurait certainement économie notable à la faire tout de suite, si elle devait amener la solution du problème.

Quant aux deux autres objections, elles disparaîtraient, s'il y avait nécessité réelle, devant un simple acte du pouvoir législatif.

Mais, je le répète, ce système a été violemment attaqué avant même d'avoir été bien compris.

Il demande à être sérieusement étudié.

D'après ce que j'ai vu sur les lieux, ce que je connais des mœurs arabes et des difficultés locales, j'ai l'intime conviction qu'il a chance de succès.

Ce système ne saurait être jugée par les prétendus similaires de Saint-Ferdinand, Sainte-Amélie et Beni-Méred.

Les deux premiers, créés par des soldats, ont été donnés ensuite à des colons civils.

Quant à Beni-Méred, c'est un village dans les meilleures conditions. Chaque soldat fondateur est aujourd'hui plus riche et plus heureux que les 99 centièmes de nos paysans de France.

Beni-Méred est, il est vrai, à cheval sur la route de Bouffarick à Blida ; ce n'est point d'ailleurs là un spécimen réel du système, cette création a été plutôt une expérience spéciale.

L'un des obstacles les plus sérieux, le défaut de terres disponibles, n'existe pas dans son application, car la colonisation militaire s'assoirait là où la spéculation européenne n'est point encore parvenue, — là où les Arabes se préoccupent moins du droit absolu de propriété.

Et puis encore, et ceci étonnera peut-être quelques esprits, l'Arabe est moins effrayé, pour l'avenir, de voir nos soldats remuer un champ que de voir un civil tracer un sillon.

Le système du gouvernement, tel du moins qu'il paraît résulter de la récente brochure (*France en Afrique*), peut se résumer ainsi :

L'état n'a point de sacrifices d'argent à faire.

Il ne doit intervenir qu'en livrant les terres aux capitalistes.

Les capitalistes amèneront les bras; les bras mettront en valeur le sol.

Ainsi :

De grandes concessions de terres seront faites sur tous les points à de grands capitalistes ou à des sociétés.

Les conditions pécuniaires seront aussi légères que possible.

Mais il sera prescrit de la manière la plus formelle :

1° De défricher, cultiver, mettre en rapport;

2° De placer par nombre d'hectares déterminé un nombre donné de colons partiaires.

Dans ce système l'on admet que dans le laps de 4 à 5 ans chaque colon partiaire aura réalisé un pécule de 4 à 5,000 fr., toutes dépenses et frais couverts.

Alors se présentera la seconde phase de la colonisation.

Les grands capitalistes, reprenant de leurs colons partiaires les terres mises en produit, trouveront des fermiers qui alors leur paieront une rente; ils récupéreront ainsi et le montant de leurs avances, et l'intérêt de leur argent.

D'un autre côté, les colons partiaires ayant un pécule disponible, l'état leur fera aussi de petites concessions, et à leur tour ils deviendront petits propriétaires. Enfin l'état pourra se créer à lui aussi des ressources en établissant l'impôt foncier sur les propriétés, grandes et petites, mises en valeur.

Ainsi se trouvent obtenus les résultats désirés :

Population du pays,

Mise en produit du sol,

Création de la petite propriété,

Création de la grande propriété,

Établissement de l'impôt.

Ce système est entier; il est logique. Il est grand et hardi, et j'ai entendu dire à un homme très remarquable : — Si j'avais sir Robert Peel, ce serait fait.

Mais est-il possible? Je n'ose l'affirmer.

La concession faite à M. Ferdinand Barrot est le spécimen des mesures de l'espèce. — Du reste il demande aussi à être expérimenté, puis appliqué vigoureusement et avec suite.

Pour l'heure il a éprouvé au premier abord des obstacles sérieux.

Ces obstacles sont :

1° Le défaut de terres domaniales connues et disponibles.

2° La présence des Arabes sur les divers points du sol; la nécessité de mesures préalables pour les cantonner.

Des moyens énergiques pour avoir des terres se trouvent, il est vrai, dans l'ordonnance du 1er octobre 1844. Par suite de cette ordonnance, tout ce qui ne sera pas déjà mis en produit servira à créer les grandes concessions et sera mis en valeur.

Ces moyens sont les conséquences et l'application des trois principes ci-après :

1° La propriété du sol ne confère pas le droit d'en user au détriment de l'intérêt général.

2° C'est pour l'état un droit, un devoir, de diriger l'exploitation du sol.

3° La mise en culture d'un pays ne peut s'opérer par des efforts individuels; il faut rallier entre eux les travailleurs isolés, et les diriger dans une vue d'ensemble.

Ces principes sont sages; ils limitent avec raison la vieille doctrine en matière de propriété : — *Le droit d'user et abuser de sa chose.*

Ils combattent d'une manière heureuse les résultats déplorables de la concurrence et de l'antagonisme illimités au moyen de l'association, seul moyen fécond de force et de paix.

Mais encore faut-il attendre que l'ordonnance du 1er octobre ait reçu son application.

Or en présence de cette société déjà vieillie, quoiqu'elle ne date que de 15 ans, à laquelle la capitulation du 5 juillet 1830 a donné une existence monstrueuse, il s'est présenté tout d'abord de graves difficultés, auxquelles se sont jointes les difficultés matérielles d'exécution.

Ainsi, défaut de juridiction assez nettement tranchée.—Impossibilité matérielle de se reconnaître dans des masses de titres dont aucun ne réunissait les conditions voulues, et de se livrer à un choix administratif et discrétionnaire, qui, dit M. Dufaure, était dans l'esprit de l'ordonnance du 1er octobre.

Mais, disons-le, sans renouveler ici les discussions qui ont précédé la promulgation de cette ordonnance, il est à regretter que les dispositions hardies qu'elle prescrivait n'aient pas été expliquées par la promulgation immédiate de l'ordonnance du 21 juillet 1845.

L'art. 5 de cette ordonnance était en effet le complément nécessaire du titre 5 de l'ordonnance du 1er octobre 1844. Cet article reconnaissait à l'acquéreur évincé le droit de demander une concession de terres incultes, proportionnée au montant de la rente qui formait son prix d'acquisition, à raison d'un hectare par chaque 3 francs de rente.

Alors l'on pouvait dire aux acquéreurs : Vous avez entre les mains des titres inutiles, ne s'appliquant à aucune propriété déterminée, véritable lettre morte, ne pouvant servir qu'à engendrer des myriades de procès, et frapper de mort tous les efforts tant de l'état que des particuliers.

Nous les annulons, ils disparaissent tous; mais en échange, eu égard à votre bonne foi, à votre espoir dans l'avenir de l'Algérie, nous vous donnons, avec un titre nouveau, la pleine et véritable propriété de terres réelles, existantes, reconnues, délimitées, constatées, et ce, à la seule condition de faire dans l'intérêt de tous ce que votre intérêt seul bien entendu devrait vous prescrire : — *Mettre ces terres en produit.*

Mais l'ordonnance du 24 juillet, venue neuf mois après l'autre, a pris dès l'abord une tout autre signification.

Il est à croire que le gouvernement prescrira la refonte de tout le titre de l'ordonnance du 1er octobre relatif aux terres incultes, et qu'il mettra en harmonie le mode de juridiction, de manière à ce que les tribunaux ordinaires ne soient point chargés d'appliquer une mesure toute politique et en dehors du droit commun ; enfin que la mesure sera, autant que possible, renfermée dans les limites de l'utile.

Cependant au milieu de toutes ces choses, et aussi à cause de l'ébranlement causé à toute la machine par l'ordonnance du 15 avril, alors qu'au gouvernement central l'on croyait à la libre disposition des terres, les choses n'avançaient guère.

De nombreuses demandes s'amoncelaient dans les cartons, des parties intéressées se rendaient même sur les lieux, et il est arrivé qu'après avoir vainement épuisé leurs ressources à attendre la réalisation d'espérances sans cesse renouvelées, elles sont reparties sans avoir rien obtenu.

De là des plaintes rendues d'autant plus vives que, dans un pays qui se crée, ce temps est l'élément le plus précieux, et que tout retard apporté dans la solution des affaires entraîne les conséquences les plus fâcheuses.

Mais au lieu de rechercher les causes de cet état de choses dans une force d'inertie volontaire, dans un système de résistance arrêté, comment ne les a-t-on pas vues de suite là où elles étaient réellement ?

Il ne m'appartient pas de le dire : le gouvernement les a connues, il les sait ; pourquoi donc s'y est-il mépris ?

En résumé,

Le gouvernement a fait, quoi qu'on en ait dit, tout ce qu'il était possible à travers les difficultés du temps.

Il fallait savoir attendre, et ne pas vouloir récolter avant d'avoir semé.

Le système de M. le maréchal Bugeaud a été attaqué et jugé sans avoir été expérimenté : c'est une injustice et une faute.

Mûri et ramené à de plus simples proportions, combiné enfin avec les efforts de l'élément européen, le système des colonies militaires, formant une ceinture en avant des populations civiles, ne peut produire que de très heureux effets.

Le système des grandes concessions à des capitalistes demande avant toutes choses la possibilité de distribuer des terres : or le gouvernement ne saurait en ce moment le faire avant d'avoir résolu les deux problèmes actuellement pendants

— De la régularisation des titres,

— Du cantonnement des Arabes.

§ 2. — *Administration.*

Ceci est, sinon la plus grave, du moins la plus délicate des trois questions.

Il est difficile en effet de discuter un mode quelconque d'administration sans songer aux hommes à y employer ou sans avoir l'air d'y songer.

Une préoccupation semblable ne saurait arrêter. L'organisation du pays est une affaire à aborder franchement et quand même. De cette question dépendent toutes les autres.

Des malentendus regrettables ont été habilement exagérés et exploités, à l'insu même des parties intéressées.

Un état prospère a fait place à une confusion sans nom.

Il est temps d'aviser.

Il n'est point sans intérêt de jeter, à cet effet, un coup d'œil rapide sur les divers systèmes d'organisation déjà essayés en Afrique.

Après la prise d'Alger :

Institution immédiate d'une administration civile sous le nom de *Commission du gouvernement*, chargée, sous l'autorité directe du général en chef, de pourvoir aux besoins du moment et de proposer un système d'organisation.

Formation d'un conseil municipal composé d'indigènes et présidé par l'un d'eux.

Maintien des diverses institutions urbaines, mozabites, biscris, corporations juives, etc.

Dissolution entière des anciens rouages politiques par suite de l'expulsion des Turcs.

Le maréchal Clauzel, arrivé le 2 septembre 1830, maintient les institutions municipales, mais place auprès d'elles un commissaire du roi qui exerce les attributions administratives de nos maires; puis, pour l'administration générale du pays, il crée un *Comité du gouvernement* composé de trois membres, l'un pour la justice, l'autre pour l'intérieur, le troisième pour les finances, présidés par l'intendant en chef de l'armée.

Ce comité fut exclusivement occupé des détails d'administration intérieure; on ne put rien faire pour reconstruire l'établissement politique et ressaisir sur les indigènes l'autorité détruite en même temps que le gouvernement turc.

Dans l'intérieur d'Alger l'on créa un commencement d'organisation judiciaire, d'administration des domaines et des douanes.

Le commandement de l'armée ayant été remis à M. le général Berthezène, le gouvernement manifesta l'intention de constituer l'administration locale d'une manière plus complète et de nommer un fonctionnaire civil chargé de diriger tous les services autres que les relations politiques et l'administration militaire proprement dite. Ces projets ne furent cependant pas mis immédiatement à exécution.

L'arrêté du 1er juin 1831 changea le nom de *Comité du gou-*

vernement en celui de *Commission administrative*, sans modifier au fond l'arrêté du 16 octobre 1830.

Le duc de Rovigo remplace M. le général Berthezène.

L'ordonnance royale du 1er décembre 1831 porte en considérants : que, s'il avait été nécessaire, dans les premiers temps qui ont suivi l'occupation du pays d'Alger, de laisser réunis dans une même main les pouvoirs civils et militaires, il importait maintenant au bien-être de l'établissement que ces pouvoirs fussent séparés.

Cette ordonnance créa l'intendance civile. Il y eut auprès du commandant en chef et de l'intendant civil un *Conseil d'administration* composé du commandant en chef, président ; de l'intendant civil, du commandant de la station navale, de l'intendant militaire, de l'inspecteur général des finances et du directeur des domaines.

Cette organisation ne subsista que peu de mois. L'administrateur civil (1), dont les attributions n'étaient pas suffisamment définies, dont rien ne réglait les rapports avec le chef militaire dépositaire de l'autorité politique, ne pouvait sans inconvénient demeurer à côté de lui dans l'état d'indépendance qu'il pensait lui être due en vertu de l'ordonnance du 1er décembre.

L'on jugea dès lors convenable

1° De réunir l'intendance civile et le commandement militaire sous une même autorité, celle du ministre de la guerre, auquel on rendit la portion d'attributions qu'avait eues pendant quelques mois le président du conseil ;

2° De placer nettement l'intendant civil sous les ordres du commandant militaire, sans rien changer d'ailleurs à ses attributions, et sans confondre de nouveau l'administration civile et l'administration militaire, qui devaient désormais demeurer distinctes.

Cette ordonnance du 1er décembre 1831 fut révoquée par celle du 12 mai 1832.

Le conseil d'administration fut ainsi composé :

____

(1) M. le baron Pichon.

Le général en chef, président ;

Le lieutenant général, vice-président ;

Le commandant maritime,

L'intendant civil,

L'intendant militaire,

L'inspecteur général des finances,

Le président du tribunal.

Toutefois les mêmes collisions se renouvelèrent bientôt entre l'intendant civil et le général en chef.

La Commission d'Afrique fut témoin de ces choses. Elle en sentit l'inconvénient et y chercha un remède ; elle proposa, par analogie à ce qui existe dans les colonies, un *gouverneur général* en qui résiderait toute l'autorité militaire aussi bien que civile, et un conseil d'administration où se discuteraient, en présence du gouverneur, toutes les questions administratives d'un intérêt général.

L'ordonnance du 22 juillet 1834 confia le commandement général et la haute administration à un *gouverneur général* sous les ordres du ministre de la guerre.

L'officier général commandant les troupes,

L'intendant civil,

L'officier général commandant la marine,

Le procureur général,

L'intendant militaire,

Le directeur des finances,

furent chargés, sous les ordres du gouverneur général, des différents services civils et militaires, et composèrent son conseil, où il avait d'ailleurs la faculté d'appeler, avec voix consultative, les chefs des services spéciaux, tels que directeurs des ponts et chaussées, des fortifications, des domaines, des douanes, etc., que l'objet des discussions pouvait concerner.

L'intendant civil eut les attributions des préfets en France, à l'exception de celles relatives au domaine, déférées au directeur des finances.

Le procureur général reçut les attributions des procureurs généraux en France, avec une action plus forte sur l'administration de la justice.

Le directeur des finances eut la direction de toutes les branches de revenu public.

Ces trois fonctionnaires, maintenus entre eux dans une indépendance complète, furent placés sous les ordres du gouverneur.

Ils avaient l'initiative de toutes les propositions concernant leurs services respectifs, mais ils ne pouvaient agir que d'après les ordres du gouverneur.

Ils avaient la correspondance avec le ministre, mais ils devaient la *faire parvenir par l'intermédiaire du gouverneur général, pour qu'il fût en mesure de l'accompagner de ses observations, s'il y avait lieu.*

De son côté le gouverneur général, en qui résidait l'autorité, ne pouvait l'exercer dans les matières civiles que par le moyen des chefs de service, et après avoir, au préalable, pris l'avis du conseil d'administration.

Cet avis n'était pas obligatoire pour lui ; mais il était toujours et immédiatement communiqué au ministre avec la décision conforme ou contraire du gouverneur.

A cet effet, les doubles des procès-verbaux des délibérations étaient transmis au ministre.

Un arrêté ministériel du 2 août 1836, en autorisant les chefs de service à correspondre directement avec le ministre sans l'intermédiaire du gouverneur, et en plaçant le directeur des finances et tous les services financiers sous les ordres de l'intendant civil, apporta des modifications à cet état de choses, et nécessita même plus tard de nouvelles mesures pour rétablir l'équilibre et l'harmonie dans les divers pouvoirs.

L'intendant civil réunissait ainsi toutes les parties de l'administration civile, ayant sous ses ordres des sous-intendants et commissaires civils.

L'administration municipale, sous les ordres de l'intendance, était confiée à un corps municipal composé d'un maire, d'un adjoint français, d'un adjoint musulman, et, selon les localités, d'un adjoint israélite, et de conseillers municipaux.

Les attributions du conseil municipal étaient celles déterminées par la loi du 28 pluviôse an 7, et les règlements antérieurs à la loi du 21 mars 1831.

Dans chacune des villes de Bône et d'Oran, des commissions provinciales, composées du général en chef, du sous-intendant civil, du substitut du procureur général, du sous-intendant militaire, des agents supérieurs des domaines et des douanes, répondaient à peu près aux conditions des conseils de préfecture de France.

Enfin l'ordonnance du 10 août 1834 constitua la justice au moyen de tribunaux de première instance et d'un tribunal supérieur, maintenant dans les cas prévus la juridiction des tribunaux indigènes.

L'ordonnance du 22 juillet 1834 avait prescrit que d'autres ordonnances spéciales détermineraient les attributions du gouverneur général et du conseil d'administration, ainsi que l'organisation de l'administration civile.

Plusieurs considérations s'opposèrent sans doute à l'exécution de cette mesure, au nombre desquelles les comptes rendus du gouvernement (1838) donnent, entre autres motifs, celui tiré de ce qu'à l'origine d'un établissement où tout était à créer ou à modifier, et en l'absence de traditions et d'usage qui pussent guider l'autorité nouvelle, on jugea convenable d'emprunter une forme de règlement qui *permît les améliorations progressives et rendît plus facile la réparation d'une erreur.*

L'on se réduisit en conséquence aux deux arrêts ministériels des 1er septembre 1834 et 2 août 1836.

D'après les dispositions du premier de ces arrêtés, les services civils proprement dits se trouvaient séparés des services financiers, lesquels étaient indépendants de l'intendant civil.

Toutefois cette indépendance ne parut pas assez réelle, en raison du titre laissé à l'intendant civil, ainsi que du traitement plus élevé qui lui était accordé. L'on craignit la tendance aux envahissements encouragés par ces avantages de position; de là des conflits.

L'ordonnance du 2 août 1836 plaça le directeur des finances sous l'autorité de l'intendant civil, lui conservant d'ailleurs toute son autorité sur les agents des services financiers, et place au conseil d'administration.

La marche des affaires, au lieu de s'améliorer par cette modification, ne tarda pas au contraire à en souffrir. L'hésitation, l'incertitude, pénétrèrent dans le personnel des finances, qui ne savait plus quelles instructions suivre entre deux pouvoirs différents. L'on parut craindre aussi, dit le compte rendu par le gouvernement à cette époque (année 1838), que les liens de la discipline en fussent affaiblis, chacun étant porté à rechercher en dehors de la hiérarchie régulière un appui.

A ces causes toutes d'intérieur se joignirent, dit-on, des prétextes fournis à l'autorité supérieure par le chef de l'intendance civile lui-même (1). Cette fonction fut supprimée et remplacée par la place plus modeste du directeur de l'intérieur.

Tel fut le principal objet de l'ordonnance royale du 31 octobre 1838, qui opéra une véritable révolution dans l'administration civile du pays en centralisant de la manière la plus vigoureuse tous les services secondaires entre les mains des directeurs de l'intérieur et des finances.

L'intendant civil supprimé, l'article premier de l'ordonnance lui substitua un directeur de l'intérieur égal pour le rang, la dépendance du gouverneur général et le traitement, aux autres chefs de services civils, et ne conservant que la simple préséance au conseil accordée à l'intendant civil.

La direction des finances se composait précédemment de deux degrés; le directeur et les inspecteurs chefs de service des domaines et des douanes.

Dans le but avoué de simplifier la marche des affaires, les ser-

(1) M. Bresson.

vices administratifs et de perception furent placés immédiatement sous la main du directeur des finances, qui centralisa ainsi directement tous les travaux de ses agents, et leur envoya directement aussi les ordres et instructions.

Ce fut une faute, dont l'une des premières conséquences fut d'amener la rentrée en France des deux chefs de ces services (1), et de priver l'administration de deux hommes éprouvés et connaissant le pays.

Un autre résultat fâcheux fut de supprimer cette première instruction de toute affaire, nécessaire pour couvrir la responsabilité du chef de l'administration lui-même, ainsi que pour répondre de l'étude sérieuse des faits. Cette faute fut surtout sensible en ce qui concerne le domaine, *car il ne fut laissé au chef de cette administration ni assez de liberté d'action pour défendre les vrais principes de mise en produit de la richesse publique, ni assez d'indépendance pour repousser, à l'endroit d'une population justement impatiente, l'odieux d'une résistance dont les causes n'étaient pas toujours sainement appréciées.*

La suite des temps, le développement des affaires, n'ont fait qu'accroître les inconvénients et les dangers de cette position.

Cette mesure en outre obligea immédiatement le directeur des finances à se mêler de mille détails d'exécution au détriment des affaires importantes.

Cet état de choses devait être rendu bien plus sensible encore à mesure du développement du pays et de l'accroissement incalculable des affaires.

Il devait être un jour tel, que l'on serait placé dans la nécessité ou d'étendre de nouveau l'action de ces services, ou *d'en arrêter les rouages à force de concentration.*

Le même phénomène administratif se reproduisit par contre-coup dans les services secondaires de la direction de l'intérieur.

La municipalité d'Alger fut supprimée, le rôle du maire fut réduit à celui d'un simple officier de l'état civil.

____

(1) MM. Galabert d'Haumont et Verlingue.

Les ponts et chaussées, fractionnés à l'infini, perdirent toute action directe.

L'instruction publique se trouva réduite aux proportions d'un simple bureau de préfecture.

Toutefois ce mode d'organisation pouvait séduire au premier abord par une apparence de simplicité.

L'ordonnance du 31 octobre 1838 réglait l'unité dans le pouvoir, la concentration de l'autorité dans les mains du gouverneur général, l'égalité entre les chefs de service, procureur général, directeurs de l'intérieur et des finances, placés sous ses ordres immédiats, la définition générale de leurs attributions; aussi son action a-t-elle pu pendant long-temps s'exercer, non sans profit pour le pays.

Mais cette ordonnance renfermait par cela même une cause plus ou moins prochaine de dissolution, et devant tendre à détruire, dans un temps plus ou moins rapproché, le principe sans lequel tout gouvernement général deviendra impossible en Algérie, savoir :

Supériorité, unité et liberté d'action.

Ainsi :

Les directeurs de l'intérieur, de la justice et des finances, ne devaient correspondre avec le ministère que pour la comptabilité et les mesures de détail et d'exécution;

Toute la correspondance d'un intérêt général devant être transmise par l'intermédiaire du gouverneur général.

Insensiblement ils s'affranchirent de cette obligation, et il pouvait arriver, ou que le gouverneur général devînt étranger à la majeure partie des affaires civiles, ou qu'il ne pût suivre l'exécution des ordres donnés.

D'un autre côté, le développement apporté aux mesures de colonisation amenait entre les directeurs de l'intérieur et des finances une foule de points de contact et de mesures communes pour lesquelles, faute de règlements antérieurs, il n'existait pas toujours toute la concordance désirable.

Les affaires grandissant en nombre et en importance au delà de toutes prévisions, il en résulta bien vite que le secrétariat général placé auprès du gouvernement, chargé de centraliser toutes les affaires civiles, se trouva dépourvu de moyens d'action suffisants, et que, nonobstant les plus grands efforts, l'expédition des affaires fut en retard.

Enfin la population civile, augmentant en importance, en nombre, en richesses et en lumières, commençait à manifester un désir assez naturel, celui d'entrer pour quelque chose dans la direction des affaires publiques, d'être admise comme élément, dans une proportion quelconque, dans les formations des conseils généraux et municipaux.

Puis aussi l'opinion publique se mit à s'enquérir quels seraient un jour les droits civils de cette population hétérogène qui s'amoncelait sur le sol d'Afrique.

C'est dans ces circonstances qu'a paru l'ordonnance du 15 avril 1845.

Nous n'analyserons point cette ordonnance. La chose serait d'ailleurs difficile, car les principes généraux d'administration y sont confondus avec les détails réglementaires. Les pouvoirs ne sont point déterminés, et les définitions, chose remarquable en législation, sont presque toutes par la négative.

Il y existe en outre des lacunes fâcheuses : ainsi, pour emprunter encore les paroles du rapport de M. Dufaure, je répéterai avec lui :

« La population de nos villes en Algérie nous est fournie par différents pays.... Quel est leur état civil ? Demeurent-ils étrangers ? deviennent-ils Français ? Jouissent-ils en Algérie des mêmes droits dont ils jouiraient en France ? Doivent-ils demander au roi l'autorisation d'y établir leur domicile ? A quelles conditions peuvent-ils devenir Français ? Quelle est leur position dans la cité qu'ils habitent ? Sur ces questions et beaucoup d'autres, notre société algérienne est encore sans loi, sans règle, et dans un *état de désordre, auquel il serait temps de mettre un terme.* »

De toutes ces choses et de beaucoup d'autres encore, l'ordonnance du 15 avril n'a eu nul souci.

Cette ordonnance étant encore supposée exister, je me bornerai à citer ce qu'en a dit *la France en Afrique*, pag. 151.

« Au lieu d'accroître l'influence civile, l'ordonnance du 15 avril ne pourrait avoir pour effet, *si elle était susceptible d'exécution*, que de l'affaiblir ; disons mieux, que de l'annuler. Le directeur général qu'elle institue n'est qu'un secrétaire général renforcé. Il n'agit qu'au nom du gouverneur, et le double résultat de cette institution c'est de supprimer d'une part le travail direct des deux directeurs de l'intérieur et des finances avec le gouverneur général, et d'autre part la correspondance directe de ces deux chefs de service avec le ministre. On a *donc fait disparaître deux garanties pour n'y substituer qu'un instrument.* »

M. Dufaure s'exprime ainsi dans son rapport, page 52 :

« L'organisation à Paris du gouvernement central de l'Algérie serait inévitablement suivie d'une nouvelle organisation de l'administration locale. Elle a été remaniée bien des fois depuis la conquête. *Mais on ne peut guère voir dans ces nombreux essais que des tâtonnements, sans plan arrêté, sans but défini, et qui ont toujours échoué devant les plus frivoles considérations de personnes. Ainsi est-il arrivé du dernier de ces remaniments, de l'ordonnance du 15 avril 1845....* »

Voilà donc plus de seize ordonnances et arrêtés ministériels rendus sur la même matière dans l'espace de quinze ans.

En présence d'une pareille consommation de mesures législatives, l'on se demande à bon droit comment le sort du pays n'a point encore été fixé, et pourquoi il semble que périodiquement il y ait lieu à de nouvelles combinaisons.

Bien des causes ont contribué à amener ce résultat, au nombre desquelles il faut citer cette espèce de phénomène remarqué de tous et inexplicable pour tous, à savoir combien peu les prescriptions législatives et réglementaires sont exécutées en Algérie. Ce serait une étude assez piquante à faire que celle des milliers de mesures d'une utilité incontestable restées à l'état de lettre morte.

Il est encore une autre cause d'une influence incalculable, car elle agit comme un dissolvant des plus actifs sur les parties diverses de chaque système.

Quelque complète que fût une organisation, *elle se modifiait en raison des hommes qu'il fallait y adapter,* et dans un temps donné ces mêmes hommes parvenaient à amener un changement notable dans l'état de choses admis et souvent créé par eux-mêmes.

Ma tâche n'étant point de faire l'histoire des hommes qui ont concouru aux destinées de l'Algérie, je ne dirai pas comment il est arrivé que tel système a été démoli pièce par pièce par les mêmes mains chargées de le mettre en œuvre.

Ce qu'il convient de rechercher, c'est le moyen de résoudre enfin le problème de la plus *prompte assimilation possible de l'Algérie à la France.*

Plusieurs systèmes se présentent.

Les uns pensent qu'une vice-royauté serait une heureuse combinaison et le seul moyen de sortir de haute lice des difficultés où se débat l'Algérie.

M. Baude a publié, il y a déjà quelques années, deux volumes, dans lesquels se trouvent des aperçus très remarquables sur l'Afrique, et où il aborde franchement cette question.

Les autres, comme l'auteur de *France en Afrique,* veulent un ministère spécial.

Cette opinion a reçu un appui officiel dans le rapport de la commission des crédits supplémentaires.

Plusieurs estiment qu'il serait possible d'assimiler immédiatement l'Algérie à la France de manière à ce que chaque branche des services publics ressortît à son ministère spécial ; en d'autres termes que l'Algérie, devenue partie intégrante de l'empire français, formât un ou plusieurs départements.

Quelques uns enfin veulent laisser les choses *in statu quo*, abandonnant au hasard, ce grand dieu des nations modernes, à décider de l'avenir.

La première combinaison, celle d'une *vice-royauté*, soulève de trop graves questions de constitution et de responsabilité ministérielle pour qu'il soit permis de l'aborder légèrement. Je m'abstiendrai complétement d'en parler.

Le dernier parti proposé, celui du *statu quo*, est inadmissible.

A tort ou à raison, les choses en sont venues au point que le pouvoir et l'autorité, étant partout, ne sont en réalité nulle part ; qu'il y a antagonisme plutôt qu'harmonie ; que, débordée par la masse des affaires, la direction de l'Algérie, quels que soient ses efforts, ne suffit plus à imprimer le mouvement, qu'elle est entraînée au lieu de diriger.

Il ne m'appartient pas d'indiquer les causes principales de cet état de choses; dans les circonstances actuelles, cette indication pourrait prendre une couleur peu favorable de récriminations.

Mais il n'a échappé à personne :

1º Qu'il n'existe aucun rapport entre les trois bureaux de cette direction, de telle sorte que les efforts soient convergents ;

2º Que, préoccupée de la nécessité de centraliser à Paris, l a direction s'est trouvée rapidement absorbée par mille détails inutiles d'exécution, ce qu'eussent certainement évité des hommes plus pratiques;

3º Qu'en présence de cette concentration exagérée, elle a manqué de bras et de moyens d'action, — et que les mesures les plus sagement conçues sont venues se briser devant les difficultés d'exécution;

4° Enfin que tous les efforts de l'honorable général placé à la tête de ce service ne sauraient remédier à un pareil état de choses, s'il n'est modifié.

Nous en sommes donc réduits à répéter cette déplorable parole :

Il y a quelque chose à faire.

Voyons donc entre les deux systèmes restant, *ministère spécial* et *répartition entre tous les services*, lequel est praticable, lequel est utile et possible, et s'il n'y aurait pas un moyen terme à prendre.

Les arguments des partisans de la création d'un ministère spécial peuvent se résumer ainsi :

1° Le pays est arrivé à un tel développement, que la direction des affaires de l'Algérie ne peut suffire au travail dont elle est chargée; écrasée par les détails, elle est impuissante à étudier les questions générales dont le pays réclame d'urgence la solution.

2° Le ministre de la guerre, absorbé par les autres attributions de sa vaste administration, est dans l'impossibilité matérielle de prendre une connaissance exacte et suivie des faits et de les discuter avec autorité devant les chambres.

3° Cette impossibilité admise, il en résulte que le ministre échappe à toute responsabilité sérieuse, et que d'un autre côté le cabinet est désarmé contre les attaques de ses adversaires.

4° Les chambres, n'étant point suffisamment éclairées, demeurent pleines d'incertitude sur l'efficacité et l'emploi des crédits qu'elles votent, sur la nécessité et l'importance des mesures employées, en un mot se trouvent sans influence réelle sur la plus grande affaire actuelle de la France.

5° Le projet de répartir les divers services entre les ministères compétents est inadmissible, la direction des affaires algériennes demandant une homogénéité de vues, une unité de doctrines, une simultanéité de direction, enfin une célérité d'exécution que peut seule donner la concentration dans un même département.

6° Dans l'état de choses actuel la direction des affaires de l'Algérie, perdue dans un énorme ministère, reléguée dans le coin d'une division, échappe à tout contrôle, à toute responsabilité sérieuse ; que sera-ce quand cette même direction sera répartie, éparpillée entre tous les ministères ? Cette grande affaire de l'Algérie, amoindrie aux proportions infimes du plus petit bureau, disparaîtra de la scène publique.

7° Enfin, la création d'un ministère spécial n'est point sans précédent, et l'Angleterre offre dans le bureau du contrôle une institution analogue qui a exercé sur les affaires de l'Inde la plus heureuse influence.

Des motifs énumérés ci-dessus il n'en est qu'un qui présente une véritable valeur : c'est celui tiré de l'unité de direction et d'action.

En effet, au premier abord, l'on est frappé des résultats avantageux devant être la conséquence :

Pensée et direction uniques ;

Centralisation vigoureuse ; action et exécution promptes ;

Suite dans l'étude des projets et dans leur application ;

Harmonie de tous les pouvoirs.

Mais n'aperçoit-on pas ensuite que ce n'est là que le résultat d'une préoccupation née du défaut de connaissance pratique des choses de l'Algérie ?

Qui ne sait en effet qu'à part quelques mesures essentielles de politique, de guerre ou de mise en produit du pays, tout le reste de l'administration est une affaire d'exécution, qu'il faut de toute nécessité laisser aux agents spéciaux, et que l'on ne peut sans inconvénient, sans danger même, prétendre concentrer dans les bureaux, soit de la guerre, soit même d'un ministère spécial ; en un mot que l'on confond sans cesse la *direction*, l'*impulsion générale* et l'*exécution ?*

Dans ce projet l'on conservera sans doute au ministère de la guerre son action libre et indépendante ; il est difficile en effet

de faire autrement, car un ministère spécial ayant son armée de
100,000 hommes en dehors de la guerre serait chose curieuse.

Mais alors on ne saurait enlever à la marine l'indépendance
qui lui a toujours été acquise.

Or, en vérité, la justice doit, avec quelque raison, vouloir régler
elle-même ses affaires. Qui osera en effet, dans le ministère spécial, s'immiscer dans le for intérieur du magistrat? Où est l'utilité
absolue, sauf péril pour la chose publique, que les règles discipli-
naires des notaires, huissiers, avoués, et tous autres officiers ministériels, soient maintenues par une administration autre que
celle de la justice?

Pense-t-on, en ce qui concerne les travaux publics, que les
ponts et chaussées, les mines, les travaux même dits *hydrauli-
ques*, une fois reconnus utiles et décidés, ne seront pas mieux di-
rigés, exécutés et contrôlés par le ministère spécial existant?
Qu'importe aussi au ministère de la guerre ou au ministère fu-
tur, dès que l'opportunité de la création ou de la suppression des
impôts aura été arrêtée, que les détails d'exécution, de surveillance, de contrôle et de reddition de compte, rentrent au ministère des finances?

Trouve-t-on, pour citer un exemple, que l'inspection actuelle
des finances, qui ne ressortit qu'au ministère de la rue de Rivoli,
gêne la marche des affaires de l'Algérie? Se doute-t-on que l'ordonnance royale du 2 janvier dernier a opéré déjà en partie pour
les services financiers ce rattachement au ministère spécial?

Aurait-on oublié qu'une ordonnance récente place pour tous les
détails d'exécution les agents du service des télégraphes en
Algérie sous les ordres directs du chef de cette administration en
France? Ne sait-on plus que déjà le trésor ne dépend que du ministère des finances?

L'auteur de *la France en Afrique* énumère à plaisir les len-
teursqu'aura à essuyer un colon pour passer par la filière de tous
les ministères pour arriver de son village à la concession.

Cette énumération est tout simplement l'oubli d'un fait administratif : c'est que dans un département le préfet représente tous les ministères, et qu'il en peut être de même en Algérie ; dès lors tout l'échafaudage croule.

On a dit que la question de propriété offrait en Algérie d'immenses difficultés. Mais la propriété n'y affecte que trois formes : — le domaime de l'état, — les propriétés particulières, — les biens des corporations. — En France nous avons le domaine de l'état, — les propriétés privées, — les biens des hospices. — Les tribus en Algérie possèdent généralement *ut universi* et ne sont qu'usufruitières. — Nous avons en France les biens communaux et les droits d'usage dans les forêts de l'état.

Quelles sont les lois sur les émigrés et sur le séquestre politique dont toutes les difficultés n'aient été résolues en France depuis nos 40 ans de révolution ?

On allègue que le domaine de l'état n'est pas connu. — En est-il moins domaine de l'état ? Sa recherche est un détail d'exécution.

On s'effraie du grand nombre de propriétés vendues illégalement et sans titres valables. — Mais c'est l'affaire des tribunaux.

Que font-ils depuis quinze ans, si ce n'est de débrouiller ce chaos et de déclarer les vrais propriétaires ?

D'ailleurs c'est ici le cas, la nécessité étant bien démontrée, de prendre légalement l'une de ces grandes mesures politiques telles que le voulait le titre 5 de l'ordonnance du 1er octobre ; — mais, quant aux détails d'exécution, laisser faire aux agents et aux ministères spéciaux.

La comparaison empruntée à ce qui existe chez nos voisins n'est pas exacte. Les Indes orientales sont à 30 jours de Londres, Alger est à 120 heures de Paris. Le bureau du contrôle n'administre pas ; c'est la cour des directeurs, le gouvernement anglais se bornant à donner des instructions générales au gourverneur, dont l'autorité, et par suite la responsabilité, sont très grandes ; et même l'intervention du gouvernement est tellement limitée, qu'il n'a pas le droit absolu de rappeler le gouverneur, ou d'empêcher la compagnie de le rappeler.

Quant à ce qui se passe à l'égard de l'Irlande, je ne sache pas que personne veuille nous conseiller sérieusement d'imiter l'Angleterre sur ce point.

Relativement à l'utilité d'un organe du gouvernement auprès des chambres, elle est évidente. — Mais pourquoi le chef de la direction spéciale à l'Algérie ne serait-il pas député — ou au moins commissaire du roi? Est-il nécessaire pour cela de créer un ministère?

Autre objection d'exécution.

De quoi composera-t-on le ministère? Comment alimentera-t-on le recrutement? D'agents pris en Algérie? ce serait affaiblir encore l'administration locale au grand détriment des affaires du pays.

Dans les ministères spéciaux? c'est y créer des lacunes fâcheuses; c'est constituer des doubles emplois; c'est faire en grand ce qui actuellement se fait en petit.

En dehors des ministères? c'est s'exposer à de mauvais choix.

Ce n'est pas *spécial* que devra être appelé ce ministère, c'est *général*.

Pense-t-on que trois directeurs suffiront? Mais n'existe-t-il pas déjà trois *bureaux* dont les chefs sont de vrais directeurs?

Ne sait-on qu'il est dans la nature de l'homme de s'étendre et de progresser? — Chaque bureau, quelque modeste qu'on le suppose au début, tendra à devenir division, direction, puis ministère à son tour. A-t-on songé aux dépenses indéfiniment croissantes qui en résulteront?

Or sait-on ce que renferme de ministères possibles une création semblable? Il suffit pour cela de jeter les yeux sur la table de l'Almanach royal.

Département de la justice et des cultes.

Administration de la justice, 7 bureaux.
Direction des affaires civiles et du sceau, 3 bureaux.
Direction des affaires criminelles et des grâces, 3 bureaux.
Direction de la comptabilité et des pensions, 2 bureaux.
Imprimerie royale, 7 bureaux.
Direction des cultes, 7 bureaux.

Département des affaires étrangères.

Direction politique, 3 bureaux.
Direction commerciale, 4 bureaux.
Direction des archives, 3 bureaux.
Direction des fonds et de la comptabilité, 2 bureaux.

Département de la guerre.

Secrétariat général, 10 bureaux.
Direction du personnel et des opérations militaires, 10 bureaux.
Direction de l'administration, 5 bureaux.
Direction de l'Algérie, 3 bureaux.
Service de l'artillerie, 6 sections.
Service du génie, 5 sections.
Puis, dépôt de la guerre — et les comités consultatifs d'état-major, d'infanterie, de cavalerie, d'artillerie, des fortifications, de santé des armées, des travaux publics, etc.

Département de la marine et des colonies.

Conseil d'amirauté.
Secrétariat général, 3 bureaux.
Direction du personnel, 6 bureaux.
Direction des ports, 5 bureaux.
Direction des colonies, 4 bureaux.
Direction de la comptabilité, 5 bureaux.
Dépôt général.
Puis les commissions, les conseils de délégués, etc., etc.

Département de l'intérieur.

Secrétariat général, 9 bureaux.

Direction de la police générale, 3 bureaux.

Direction de l'administration départementale et communale, 11 bureaux.

Inspections générales des établissements de bienfaisance, prisons, etc.

Direction des beaux-arts, 4 bureaux.

Division de la comptabilité, 4 bureaux.

Administration des lignes télégraphiques, 3 bureaux.

Archives du royaume, 5 sections.

Département des travaux publics.

Secrétariat général, 1re division, 2 bureaux.

2e Division, routes et ponts, 3 bureaux.

3e Division, navigation et ports, 2 bureaux.

4e Division, usines, desséchements, 2 bureaux.

5e Division, chemins de fer, 2 bureaux.

6e Division, mines, 2 bureaux.

7e Division, bâtiments civils, 2 bureaux.

8e Division, comptabilité, 3 bureaux.

Dépôts des cartes, conseils, commissions, etc.

Département de l'agriculture et du commerce.

Direction du secrétariat général, 3 bureaux.

Direction de l'agriculture et des haras, 2 bureaux.

Direction du commerce intérieur et des manufactures, 5 bureaux.

Direction du commerce extérieur, 5 bureaux.

Direction de la comptabilité, 3 bureaux.

Puis conseils, écoles, bergeries, haras, commerce, etc.

Département de l'instruction publique.

Secrétariat, 3 bureaux.

1re Division, personnel, 5 bureaux.

2e Division, établissements scientifiques, 3 bureaux.

3e Division, comptabilité, 3 bureaux.

Comités historiques, des hautes études, etc.

Département des finances.

Administration centrale du ministère des finances.

Secrétariat général, 9 bureaux.

Direction du mouvement des fonds, 4 bureaux.

Direction de la dette inscrite, 6 bureaux.

Direction de la comptabilité générale, 6 bureaux.

Direction du contentieux, 2 bureaux.

Caisse, payeur, et contrôle central.

Administrations financières.

Enregistrement et domaines, 4 sous-directions.

Douanes et sels, 3 sous-directions.

Contributions indirectes, 4 sous-directions.

Tabacs, 3 sous-directions.

Postes, 4 sous-directions.

Forêts, 4 sous-directions.

Contributions indirectes, 3 sous-directions.

Commissions des monnaies, etc.

On le voit, le ministère seul des finances est de nature à former plusieurs ministères

Les chefs de ces neuf ministères se réunissent ensuite en conseil pour délibérer des intérêts généraux.

En présence d'une aussi belle et aussi puissante organisation administrative, comment hésiter à lui confier les destinées de l'Algérie ?

Pourquoi refuser cette admirable unité à notre nouvelle France ?

Quelle est la question si arduc, si compliquée qu'elle soit, qui ne trouve dans ce cadre les hommes éclairés destinés à la résoudre ?

Qu'y a-t-il qui ne soit prévu ?

N'est-ce point avec notre administration et notre législation française que s'accomplit en ce moment la plus grande innovation des temps modernes, l'application de la vapeur aux voies de communication ?

Cette législation ne porte-t-elle pas en elle-même la condition essentielle du progrès dans la plus vaste acception ?

Pourquoi en exclure l'Algérie ?

La centralisation projetée n'accélérera pas la solution des affaires : car, quelque développement que l'on accorde au nouveau ministère, il ne pourra résoudre seul toutes les questions de métier ; — de là, correspondance avec chaque ministère spécial, et par suite retard, comme aujourd'hui, dans la solution des affaires.

On a souvent répété qu'il fallait attendre que la population française qui doit peupler l'Algérie y fût arrivée en assez grand nombre pour lui appliquer notre législation et notre administration.

« Long-temps encore, dit M. Dufaure, l'Afrique doit être soumise à des règles exceptionnelles, temporaires, appropriées à sa situation du moment. »

L'on disait cela en 1834 ; on l'a répété en 1838 et en 1842, et on le répétera sans cesse, si, au lieu de tendre à l'assimilation et au droit commun, l'on crée sans cesse des régimes exceptionnels.

Mais allons plus loin.

« Il ne peut entrer dans la pensée de personne, a dit M. Dufaure, de faire de l'Afrique une colonie destinée à vivre toujours à part de la métropole, sous des institutions spéciales, avec des intérêts séparés. L'Afrique suivrait tôt ou tard la loi de toutes les colonies puissantes ; la France subirait le sort de toutes les métropoles. »

Si l'on fait de l'Algérie une Irlande, elle vous échappera, a dit un journal (1), car la Méditerranée, si étroite quand elle ne séparera que deux parties intégrales de la France, deviendra un large champ de bataille si elle sépare l'oppresseur et l'opprimé.

« Le moyen le plus sûr d'exclure toute idée de séparation, a dit encore M. Dufaure, *serait d'assimiler l'Algérie à la France*, de la diviser en départements, de la soumettre à nos lois et à notre administration... »

Oui, voilà le but à atteindre, voilà le problème à résoudre : *assimilation !* Or, si le moment, et je le reconnais avec M. Dufaure, de faire entièrement de l'Algérie trois départements français, si les projets conçus à cet effet ont été repoussés par la commission, non comme *mauvais*, mais comme *prématurés*, il faut tout faire pour y arriver le plus tôt possible.

L'Algérie n'est pas une colonie à l'instar de la Guadeloupe, de la Martinique, de l'île Bourbon.

Ce n'est pas un comptoir; ce ne sont plus les possessions françaises du nord de l'Afrique.

Ce n'est ni le Sénégal ni des points de relâche comme Nossibé et Mayotte.

L'Algérie, c'est la France; c'est une partie intégrante de l'empire français.

C'est une province française, où chaque jour les liens et les rapports les plus intimes de commerce et de la vie civile s'établissent avec la France.

Au lieu de ne faire de l'Algérie qu'une chose de quelques hommes, la tâche d'un seul ministre, faisons donc que ce soit l'affaire de tous.

Au lieu de creuser chaque jour plus profondément la distance qui sépare les deux pays, comblons au plus vite l'intervalle qui existe encore.

(1) *La Revue d'Afrique*, 15 mars.

Que chaque ministre y prenne un intérêt, une action réels ; que la responsabilité pèse, non sur un seul, mais sur tous.

Que l'affaire de l'Algérie soit la grande affaire de la France.

L'assimilation de l'Algérie à la France est une question politique et nationale ; c'est une affaire de gouvernement. Or un ministère spécial n'est pas le gouvernement ; renfermer cette grande entreprise de la France dans les attributions d'un seul ministère, c'est évidemment substituer l'action de la bureaucratie à l'action politique ; l'intérêt de la bureaucratie à l'intérêt de l'état.

Casimir Perrier l'avait compris ainsi lorsqu'il exprimait l'intention de placer les affaires d'Alger sous le contrôle direct de la présidence du conseil.

La commission de 1834 l'avait dit ; elle voulait que toutes les mesures concernant l'Afrique fussent délibérées en conseil des ministres.

La même commission voulait que les ordres du roi sur toutes les parties du service fussent transmis au gouverneur général par le président du conseil ; mais que néanmoins, pour tout ce qui concernerait le personnel de la justice et des finances, le gouverneur général correspondît directement avec les ministres de ces deux départements.

Sommes-nous donc moins avancés qu'en 1834 ?

En un mot, au lieu de circonscrire dans un ministère spécial tous les intérêts de l'Algérie, au lieu d'étendre et développer ensuite indéfiniment l'action et l'importance de ce ministère, faisons que tous les efforts, toutes les mesures, tendent sans cesse à réduire cette partie du gouvernement à sa plus simple expression, de manière à accélérer le moment d'une assimilation complète où chaque ministère aura son action entière, absolue, en Algérie, comme il l'a en Corse et en Vendée.

En même temps, et ceci pourra paraître contradictoire au premier abord, qu'il soit donné actuellement au chef de la partie du gouvernement central chargé de l'Algérie la plus grande importance personnelle possible ; qu'il n'ait pas un grand nombre d'agents, mais qu'ils soient bien choisis : car, encore une fois, qu'on ne l'oublie pas, le système d'assimilation peut se formuler ainsi :

Direction supérieure à Paris,

Grande liberté d'action et d'exécution à Alger ,

Surveillance et contrôle pour tous les détails d'exécution par chaque ministère respectif.

Quant au ministère qui devra , jusqu'à l'époque d'une assimilation entière, conserver la haute direction du gouvernement de l'Algérie , il est hors de doute que ce doit être celui de la guerre.

En effet , nous ne pouvons encore avoir d'action en Afrique que par la puissance des armes.

D'où la nécessité d'un gouvernement militaire capable de prévoir et d'exécuter, d'attaquer et de se défendre.

L'armée, en outre , indispensable pour compléter la domination et garantir la sécurité des Européens, est encore le premier élément de colonisation, car elle y apporte ses bras , son appui et son argent.

Or, tant qu'une armée nombreuse sera nécessaire à l'Algérie, il faudra un chef puissant à cette armée ; et la nécessité de l'armée existera tant que la population européenne ne sera pas supérieure à la partie militante de la population indigène.

Une conséquence forcée de cet état de choses, c'est qu'il appartient au ministère de la guerre de diriger jusque alors les opérations générales de la conquête et de l'assimilation.

En résumé ,

La création d'un ministère spécial est dangereuse ; elle tendrait à la séparation de l'Algérie, au lieu de concourir à sa plus prompte assimilation possible à la France ; elle entraînerait l'état à des dépenses énormes.

La répartition absolue de tous les services entre les divers ministères est prématurée ; la guerre n'est point achevée ; la population européenne est encore trop inférieure en nombre à la population indigène.

Reste un moyen terme que l'on peut formuler ainsi :

Laisser au ministère de la guerre la direction supérieure de l'Algérie jusqu'à ce que la guerre ne soit plus l'affaire capitale;

Remettre à chaque ministère le soin de diriger et surveiller toutes les mesures d'exécution;

Tendre sans cesse à l'assimilation à la France, et à la répartition complète de tous les services entre les ministères compétents.

Comme moyens d'exécution de ce système, il y aurait lieu :

1° De fortifier le pouvoir central non point en nombre, mais en qualité, en tant qu'il ne fera que diriger, et qu'il n'administrera pas; ·

2° De donner à son chef le titre de directeur général; de faire qu'il soit membre de la Chambre, ou tout au moins commissaire du roi lors des discussions;

3° D'augmenter les forces actives et exécutantes à Alger, d'y supprimer les états-majors inutiles, et de simplifier les rouages;

4° D'admettre pour tous les services administratifs l'organisation française, de manière à ce qu'il y ait pour chacun d'eux un contrôle permanent indépendant, à l'instar de ce qui existe pour les finances;

5° Enfin de ne centraliser entre les mains de l'administration, soit à Alger, soit à Paris, que les rudiments principaux; — et de rattacher à chaque ministère spécial tous les détails d'exécution et de surveillance.

Je n'ignore point que le système que je viens d'indiquer d'une manière bien sommaire et bien incomplète aura l'immense désavantage de ne point se présenter en termes absolus; qu'il n'est qu'une transition; qu'il ne satisfera point les esprits qui pensent qu'on n'évite un excès qu'en se jetant dans un excès opposé; mais ce système m'a paru l'expression des véritables besoins du pays ; étudié sans préoccupation et sans intérêt, je l'ai dit comme je l'ai pensé.

Comme complément, je joins ci-après un projet de loi qui servirait de point de départ ; viendraient ensuite les ordonnances réglementaires qui détermineraient d'une manière précise les droits et les devoirs de chacun, de telle sorte *que la responsabilité portât enfin où elle doit aller.*

PROJET DE LOI.

1.

A dater de la promulgation de la présente, l'Algérie sera régie, soit par les lois françaises qui y auront été préalablement rendues exécutoires, soit par des ordonnances royales spéciales.

2.

A dater de la présente, sont et demeurent applicables et exécutoires en Algérie toutes les lois françaises en matières civiles, de commerce, en matière criminelle et pénale, et en matière de procédure, sur lesquelles il n'aura pas été statué par des lois et ordonnances spéciales.

3.

Dans l'année de la présente, tous les arrêtés spéciaux à l'Algérie seront révisés, et les dispositions susceptibles d'être maintenues seront, s'il y a lieu, promulguées en ordonnance royale ; les autres ne vaudront que comme règlements administratifs.

4.

Dans les cas imprévus, où l'ordre et la sécurité publique seraient gravement intéressés, le gouverneur général prend, par voie d'arrêtés, les mesures jugées nécessaires.

Ces arrêtés seront, s'il y a lieu, convertis, dans les trois mois, en ordonnances royales, à défaut de quoi ils n'auront force que comme règlements intérieurs d'administration.

5.

Tout individu né en Algérie de parents étrangers pourra,

dans l'année qui suivra sa majorité, réclamer la qualité de Français.

6.

Tout individu ayant cinq ans de séjour en Algérie pourra, par une simple déclaration, réclamer la qualité de Français.

7.

L'Algérie est partagée en territoire civil et territoire militaire.

8.

Le premier renferme dans sa circonscription tous les points où il existe actuellement des institutions civiles et judiciaires, et sur lesquels s'exerce l'action des tribunaux ordinaires.

Ce territoire s'étendra successivement avec l'action de ces mêmes tribunaux.

9.

Le territoire militaire renferme tous les points de l'Algérie situés en dehors du territoire civil.

10.

Le territoire civil sera régi par le droit commun tel que la législation de l'Algérie le constitue, et sous la réserve des dispositions particulières relatives aux indigènes qui habitent les mêmes territoires.

L'administration et la justice s'y exercent, sauf les exceptions prévues, de la même manière et sous les mêmes formes qu'en France.

11.

Le territoire militaire est régi par des ordonnances spéciales ; les fonctions administratives, civiles et judiciaires, sont conférées aux autorités militaires.

12.

Le territoire civil est divisé en préfectures, sous-préfectures, cantons et communes.

Le territoire militaire se partage en divisions et subdivisions de commandements militaires.

13.

Le commandement général et la haute administration sont confiés en Algérie à un gouverneur général, investi, à cet effet, des pouvoirs civils et militaires.

14.

Le gouverneur général de l'Algérie est nommé par nous.

Il exerce ses attributions sous les ordres directs de notre ministre de la guerre, par l'intermédiaire des autorités civiles, judiciaires et militaires.

15.

Un officier général commandant la division d'Alger,
Un préfet,
Un officier général commandant la marine,
Un procureur général,
Un intendant militaire,
Sont chargés des différents services civils et militaires, sous les ordres du gouverneur général, et dans la limite de leurs attributions respectives.

16.

Les fonctionnaires désignés en l'article ci-dessus formeront auprès du gouverneur général un conseil qui prendra le nom de *Conseil d'administration.*

Suivant la nature des questions soumises au conseil, le gouverneur général pourra y appeler les chefs des services spéciaux civils ou militaires que l'objet des discussions concernera.

Ils auront voix consultative.

Ainsi pourront être appelés au conseil :

Le général commandant supérieur du génie ;

Le général commandant supérieur de l'artillerie ;

Le directeur des affaires arabes ;

L'ingénieur en chef des ponts et chaussées ;

Le recteur de l'Académie ;

Le directeur de l'enregistrement et des domaines ;

Le directeur des douanes ;

Le conservateur des forêts ;

Le directeur des contributions diverses.

17.

Un secrétaire général du gouvernement est placé près du gouverneur général. Il centralise toute la correspondance administrative du gouverneur général, conserve le dépôt des archives, répartit la correspondance ministérielle entre les divers services, délivre les extraits ou expéditions des actes du gouvernement, tient la plume au conseil d'administration.

48.

Le secrétaire général est nommé par nous sur la présentation de notre ministre secrétaire d'état de la guerre.

19.

La direction de toutes les parties de l'administration civile proprement dite est confiée à un haut fonctionnaire qui prendra la dénomination de *préfet*.

20.

Il sera sous les ordres du gouverneur général, et réunira les attributions conférées précédemment aux directeurs de l'intérieur et des finances. Il aura auprès de lui un secrétaire général.

21.

Le préfet sera nommé par nous sur la proposition du ministre de la guerre. Le secrétaire général sera nommé par le ministre de la guerre sur la proposition du gouverneur général.

22.

Il sera créé auprès du préfet un conseil de préfecture dont les attributions seront celles conférées en France aux conseils de préfecture, telles qu'elles sont fixées par les lois françaises, et notamment par la loi du 28 pluviôse an VIII, sauf les modifications qui résulteraient de la législation spéciale de l'Algérie.

23.

Les membres des conseils de préfecture seront nommés par nous sur la présentation de notre ministre secrétaire d'état au département de la guerre.

24.

Il y aura dans chaque province, pour l'administration des affaires civiles et sous les ordres directs du préfet, les fonctionnaires ci-après, savoir : auprès du siége de chaque tribunal de première instance, un sous-préfet ; dans chaque chef-lieu de canton, un commissaire-civil.

25.

Les sous-préfets sont nommés par nous sur la proposition du ministre de la guerre. Les commissaires civils sont nommés par le ministre de la guerre sur la proposition du gouverneur général.

26.

Il y a par chaque centre de population, constitué en *commune*, un maire et des adjoints, dont le nombre est déterminé par notre ministre de la guerre sur la proposition du gouverneur général.

27.

Il y aura auprès de chaque maire un *conseil municipal* composé de membres dont le nombre est déterminé par notre ministre secrétaire d'état de la guerre sur la proposition du gouverneur général.

28.

Les membres des conseils municipaux sont nommés, savoir :

A Alger et dans chaque chef-lieu de sous-préfecture par le ministre de la guerre sur la présentation du gouverneur général, et dans les autres localités par le gouverneur général sur la présentation des préfets.

29.

Il sera créé à Alger un *conseil général*, et dans chacun des chefs-lieux de sous-préfectures un *conseil d'arrondissement*.

30.

Les membres du conseil général seront au nombre de douze ; ils seront nommés par nous sur une liste triple de notables, dressée par les soins de notre ministre secrétaire d'état de la guerre.

31.

Les membres des conseils d'arrondissements seront au nombre de six ; ils seront nommés par notre ministre secrétaire d'état de la guerre sur des listes triples dressées par les soins du gouverneur général.

32.

Les époques de réunion du conseil général et des conseils d'arrondissements, la durée de ces réunions, enfin la nature des attributions de ces conseils, seront fixées par l'ordonnance royale réglementaire dont il sera parlé ci-après.

33.

Les attributions du procureur général demeurent fixées telles qu'elles le sont par nos ordonnances relatives à l'Algérie.

34.

Une ordonnance royale réglementaire, qui sera publiée et promulguée en même temps que la présente, déterminera les fonctions, attributions et rapports respectifs :

Du gouverneur général,

Du préfet,

Du conseil d'administration,

Du conseil de préfecture,

Des municipalités,

Du conseil général,

Des conseils d'arrondissements.

35.

Des ordonnances royales spéciales régleront et détermineront également l'organisation des services et administrations ci-après :

Administration des ponts et chaussées,

Instruction publique,

Direction de l'enregistrement et des domaines,

Direction des douanes,

Conservation des forêts,

Direction des contributions diverses.

36.

Une ordonnance spéciale déterminera la composition et les attributions de la direction générale de l'Algérie, ainsi que ses rapports avec les divers départements ministériels.

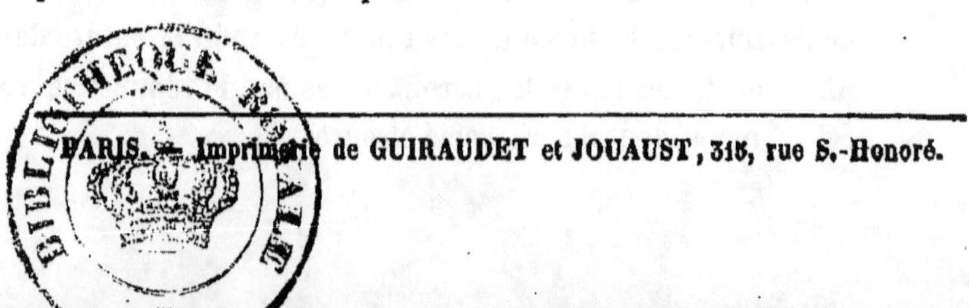

PARIS. — Imprimerie de GUIRAUDET et JOUAUST, 315, rue S.-Honoré.